AF300815

Das russische Kochbuch

Eilicke Ullrich

Impressum

Bibliografische Information der Deutschen
Nationalbibliothek:
Die Deutsche Nationalbibliothek verzeichnet diese
Publikation in der Deutschen Nationalbibliografie;
detaillierte bibliografische Daten sind im Internet über
http://dnb.dnb.de abrufbar.

Lektorat: Vorname Name oder Institution
Korrektorat: Vorname Name oder Institution
weitere Mitwirkende: Vorname Name oder Institution

Herstellung und Verlag: BoD – Books on Demand, Norderstedt

ISBN: 9783759705686

Inhalt

Russisches Weißbrot "Baton"

500 g   Mehl, je nachdem auch etwas weniger

270 ml Wasser, warm

5 g   Hefe, frische

8 g   Salz, ca. 1 gehäufter TL

20 g   Zucker

20 g   Butter, weiche

Milch

Für den Vorteig die Hefe in 150 ml Wasser auflösen und 200 g Mehl unterrühren Den Teig an einem warmen Ort 4 Stunden gehen lassen. Nach Ablauf dieser Zeit das restliche Wasser, das Salz und den Zucker hinzufügen. Die Butter unterrühren. Das Mehl nach und nach unter den Teig kneten. Diesen erneut 1,5 Stunden gehen lassen.

Den Hefeteig aus der Schüssel nehmen, zu einer Kugel formen und 5 Minuten auf einer bemehlten Arbeitsplatte ruhen lassen. Dann schneidet man ihn in zwei Teile. Eine Hälfte des Teigs zum Rechteck ausrollen. Eines der langen Enden in die Mitte klappen und das andere darüberlegen. Mit der zweiten Teighälfte ebenso verfahren und beide mit der Naht nach unten auf ein mit Backpapier ausgelegtes Blech legen. Mit einem Messer diagonale Einschnitte machen. Den Teig nochmals abgedeckt 40 Minuten lang gehen lassen.

Den Ofen auf 200° vorheizen. Die Brote vor dem Backen mit Milch bestreichen. Die Backzeit beträgt ca. 20 Minuten

Quarkbrötchen

11 g	Hefe
200 ml	Milch, lauwarm
4 EL	Zucker
2	Ei(er)
2	Eigelb
400 g	Mehl
50 g	Butter
2 Pck.	Vanillezucker
200 g	Quark, 9 %
2 EL	Sahne, 20 %
3 TL	Öl, neutrales, zum Bearbeiten

Mehl für die Arbeitsfläche

Puderzucker zum Bestreuen

Die Milch lauwarm erhitzen. In einem Topf mit Hefe und 2 EL Zucker vermischen. Ca. 40 min stehen lassen.

1 ganzes Ei in einer Schüssel schlagen. Butter in einer Pfanne zergehen lassen und unter das Ei rühren. Die Milch-Hefe-Mischung, 2 EL Zucker und 400 g Mehl dazugeben und mischen. Mindestens 1/2 Stunde gehen lassen, je länger, je besser.

Währenddessen für die Füllung den Quark mit der Sahne, 2 Eigelben und dem Vanillezucker vermischen.

Ein Backblech mit Backpapier belegen und den Ofen auf 180 °C vorheizen.

Nach der Gehzeit den Teig kräftig durchkneten. Einen Teil der Arbeitsfläche mit Mehl bestäuben und den Teig darauf geben. Einen weiteren Teil der Arbeitsfläche dünn mit Öl bestreichen. Die Hände mit Öl befeuchten, vom Teig jeweils ein Stück abnehmen und auf der Ölfläche zu handgroßen Bällchen drehen. Der Teig sollte für 11 Stück reichen.

Die kleinen Bällchen ein wenig flach drücken und eine größere Mulde formen, so dass ein Rand entsteht. In die Mulde die Quarkfüllung geben.

Die Brötchen im Ofen ca. 20 min backen (die Zeit hängt auch vom Ofen ab), bis sie schön goldbraun werden. Noch warm mit Puderzucker bestreuen.

Blini

3   Ei(er)

250 g   Mehl

500 ml   Milch

2 EL   Pflanzenöl

etwas   Salz

1 EL   Zucker

1   Apfel, geviertelt, sehr dünn gehobelt

etwas   Zitronensaft, nach Geschmack

evtl.   Cognac, einen Schuss

Zubereitung

Eier trennen. Eigelb mit Zucker und Salz verrühren.
Die Hälfte der lauwarmen Milch, portionsweise
Mehl und Öl dazu geben. Immer wieder gut rühren.
Nun die restliche, lauwarme Milch nach und nach
dazu geben. Immer wieder rühren. Eiweiß steif
schlagen und gut unterheben. Teig durch ein Sieb
geben um evtl. Teigklümpchen zu entfernen.
Anschließend 30 Minuten ruhen lassen.

Gehobelte Äpfel mit Zitronensaft beträufeln. Nur
für den ersten Blini sollte die Pfanne mit etwas Öl
bestrichen werden. Die gewünschte Teigmenge
(gute 4-6 EL) in die Pfanne geben. Rasch paar
Äpfelstücke auf dem Blini verteilen. Wird die
Teigoberfläche fest, den Blini vorsichtig umdrehen
und von der anderen Seite goldgelb anbraten.

Tschebureki

3 Gläser   Mehl à ca. 200 ml

1 Glas   Wasser, warmes (ca. 60°C warm)

2 TL   Salz

2   Ei(er)

50 g   Butter

Für die Füllung:

1 TL   Salz

3   Zwiebel(n), klein gewürfelte

Pfeffer, schwarzer

etwas   Wasser

1 kg   Hackfleisch, halb und halb

n. B.   Öl zum Frittieren

Für den Teig werden zuerst Mehl und Butter zusammen geknetet. Dann gibt man Salz und Wasser und zum Schluss die Eier dazu. Alle Zutaten werden zusammen geknetet. Sollte der Teig noch zu sehr kleben, gibt man mehr Mehl dazu. Der Teig muss sich vom Rand lösen, darf aber nicht zu trocken sein, da er sonst beim Zuklappen nicht hält. Aus dem Teig macht man kleine Kugeln. Diese rollt man platt aus, wie zu einem Pfannekuchen.

Für die Füllung werden alle Zutaten in eine Schüssel gegeben und zusammen gemischt. Man gibt nur wenig Wasser dazu. Die Füllung ist wie ein Brei, nur nicht ganz so flüssig.

Hat man sie Füllung fertig, so werden die ausgerollten Teigbällchen zur Hälfte damit belegt. Dann werden die Teigtaschen zusammengeklappt und rundherum gut verschlossen.

Zum Braten nimmt man eine Pfanne, in die man ca. 1 cm hoch Öl gibt. Ist das Öl heiß genug, brät man die Teigtaschen von beiden Seiten goldgelb.

Schon sind die Чебуеки (sprich: Tschebureki) fertig.

Aus der Teigmenge bekommt man je nach Größe
zwischen 10 und 20 Tschebureki.

Tipp: Die noch rohen Tschebureki nie übereinander
legen. Sie bleiben auf einander kleben und gehen
kaputt. Am besten Alufolie und Mehl von beiden
Seiten darauf geben. Außerdem kann man die
Tschebureki auch sehr gut noch am nächsten Tag
kalt essen.

Manti

2   Ei(er)

400 ml   Wasser

1 kg   Mehl

1 kg   Hackfleisch, gemischt

5   Zwiebel(n)

80 g   Butter

Salz und Pfeffer

Eier, Wasser und Mehl zu einem Teig mischen.
Dabei das Mehl nach und nach dazugeben, bis der
Teig geschmeidig wird und nicht mehr an den
Händen kleben bleibt. Den Teig gut durchkneten. Er
soll elastisch sein, damit man ihn gut ausrollen
kann. Den Teig abdecken und bei
Zimmertemperatur ca. eine Stunde ruhen lassen.

Die Zwiebeln in feine Streifen schneiden (nicht klein
hacken!). Hackfleisch und Zwiebeln mischen und
mit Salz und Pfeffer gut würzen. Die Füllung
unbedingt mit den Händen gut durchkneten! Denn
nur so vermischt sich der Zwiebelsaft mit dem
Fleisch am besten. Das macht die Füllung weich und
saftig.

Den Teig ausrollen und mit einer runden Form
ausstechen (Durchmesser 10-12 cm). Jeweils etwas
Fleischfüllung auf die Teigkreise geben und je ein
Stückchen Butter darauf platzieren. Um Manti zu
formen, erst den Teig auf beiden Seiten

hochklappen und in der Mitte auf ca. 3 cm Länge zusammenkleben, dann die Enden hochklappen und quer zum Mittelteil (T-förmig) verbinden. Zum Schluss die Enden fest zusammenpressen. Die Böden des Dampfgarers mit Öl einpinseln, damit die Manti nicht daran kleben bleiben. Die Manti auf den Böden verteilen und ca. 40 Minuten dämpfen.

Die Manti sofort servieren und saure Sahne und evtl. auch Ketchup dazu reichen.

Pelmini

Für den Teig:
400 g   Mehl
2   Ei(er)
150 ml Wasser
½ TL   Salz
Für die Füllung:
400 g   Hackfleisch, gemischtes
50 g   Butter
3 EL   Sahne
2   Zwiebel(n)
Salz und Pfeffer, schwarzer
Knoblauch, nach Bedarf
Für die Sauce:
Knoblauchzehe(n) oder Zwiebeln nach Bedarf
2 EL   Butter
3 EL   Essig
Salz und Pfeffer nach Geschmack
Schmand
etwas   Brühe aus Brühwürfel

Mehl in eine Rührschüssel geben, eine Vertiefung formen und das Wasser, Ei und Salz zugeben. Das Ganze zu einem festen Teig kneten (Nudelteig), mit einem Tuch abdecken und 20 - 30 Minuten ruhen lassen.

Das Fleisch mit kleingehackten Zwiebeln, Butter, Sahne, Pfeffer und Gewürzen vermengen.

Den Teig zu einem Strang (1,5 - 2 cm) rollen und Stücke abschneiden (1 - 1,5 cm). Aus diesen Teilen Plätzchen rollen. Man kann den Teig auch bis zu einer Dicke von ca. 2 mm ausrollen und dann mit einem Glas runde Stücke ausschneiden.

Darauf mithilfe eines Löffels die Fleischmasse legen, das Fleisch im Teig einschließen und die Ränder zudrücken. Die Pelmeni in kochendes Salzwasser oder in Brühe legen. Nachdem das Wasser wieder aufkocht und die Pelmeni an die Oberfläche schwimmen, noch ca. 2 - 3 min ziehen lassen.

Wasser abgießen. Pelmini in eine Schüssel geben und mit Butterflocken bedecken. Die Pelmeni kann man mit Butter, mit Schmand, mit Essig oder mit der Mischung aus gehacktem Knoblauch oder Zwiebeln, Pflanzenöl, Essig, Salz und Pfeffer servieren.

Wareniki

500 g   Mehl

2   Ei(er)

1 Prise(n)   Salz

200 ml Wasser

3 Becher   Hüttenkäse

1   Ei(er)

Salz

Pfeffer, schwarz

etwas   Schmand (alternativ saure Sahne oder Crème fraiche)

2 Scheibe/n   Toastbrot oder Weißbrot

2 EL   Butter

Öl

Für den Teig werden Mehl, 2 Eier, Wasser und 1 Prise Salz zu einem homogenen Teig verarbeitet, der nicht kleben darf. Den Teig abgedeckt ca. 30 Minuten ruhen lassen.

Für die Füllung in der Zwischenzeit den Hüttenkäse mit Hilfe eines Küchentuchs ausdrücken, so dass die unnötige Flüssigkeit rauskommt. Den Käse mit einem Ei vermischen und mit Salz und Pfeffer würzen.

Den Teig dünn zu 5-8 cm großen Kreisen ausrollen, je 1-2 TL Füllung darauf geben und zu einer Tasche zusammendrücken (Den Rand fest zusammendrücken, damit die Tasche beim Kochen nicht aufgeht. Im Handel gibt es speziell für Teigtaschen Ausstechförmchen, die auch beim Zusammenklappen sehr behilflich sind: Teig ausrollen, ausstechen, das Teigstück in die Form reinlegen, Füllung rein, Form zusammenklappen).

Reichlich Salzwasser mit einem Schuss Öl aufkochen, Wareniki darin 5-10 Minuten gar kochen (evtl. in Portionen). Butter in einer Pfanne schmelzen, Brot in Würfel schneiden und unter

Rühren in der Butter rösten und über die Wareniki
geben.

Das Ganze mit Schmand bzw. sauren Sahne
servieren. Dazu schmeckt ein grüner Salat.

Tipp: Den Restteig nicht wegwerfen, sondern neu
ausrollen. In Rauten schneiden und mitkochen. Die
übriggebliebenen Wareniki sowie die Restteig-
Rauten in Öl oder Butter kross anbraten und erneut
genießen.

<u>Borschtsch</u>

4 Liter   Wasser
1 kg   Rindfleisch mit Markknochen
1 große Rote Bete, frische (oder zwei kleinere)
2   Möhre(n)
1 große Zwiebel(n)
3 m.-große   Kartoffel(n)
1 kleine Paprikaschote(n), rote
3   Tomate(n)
¼   Weißkohl
2 Zehe/n   Knoblauch
½   Zitrone(n)
4   Lorbeerblätter
6   Pfefferkörner oder Pimentkörner
Sonnenblumenöl
Pfeffer
1 Becher   Schmand

Man füllt das Wasser in einen großen Topf, in den 5 oder mehr Liter hineinpassen, und erwärmt dieses, es soll nicht kochen. In dieser Zeit die Rote Bete schälen. Das Fleisch in das heiße Wasser geben, aufkochen lassen und auf mittlere Hitze schalten, damit der Sud köcheln kann. Den Schaum an der Wasseroberfläche sofort abschöpfen und entsorgen. Salz nach Geschmack und die geschälte Rote Bete hinzufügen und alles eine Stunde köcheln lassen.

In der Zwischenzeit schält man die Kartoffeln und schneidet sie in Streifen (Zeigefingerlänge und -breite). Bis zur Verwendung kann man die Streifen in kaltes Wasser legen, um sie frisch zu halten.
Die Möhren der Länge nach halbieren und in dünne Streifen schneiden. Zwiebel, Paprika und Tomaten jeweils vierteln und in Scheiben schneiden.

Das Öl in einer Pfanne erhitzen. Zuerst die Zwiebeln kurz anbraten und danach Paprika, Möhren und Tomaten hinzufügen. Dies mit etwas Salz und Pfeffer würzen und abgedeckt braten, bis das Gemüse im eigenen Saft köchelt. Immer wieder umrühren.
Nun schneidet man das Viertel Weißkohl in fingerlange Scheiben.
Nun sollte die eine Stunde Kochzeit der Suppe vergangen sein und man gibt das gebratene

Gemüse aus der Pfanne, die Kartoffeln, den Kohl, die Lorbeerblätter und die Pfeffer- oder Pimentkörner in den Suppentopf. Man lässt die Suppe eine weitere Stunde zugedeckt köcheln.

Nach dieser Stunde nimmt man die Rote Bete heraus und reibt sie auf einer großen Reibe klein und fügt den geriebenen oder gepressten Knoblauch hinzu. Die halbe Zitrone drückt man über der Roten Bete aus und lässt dies kurz auf einem Teller stehen. Danach nimmt man das Fleisch heraus, trennt es vom Knochen und schneidet es in kleine Stücke. Danach füllt man alles, Rote Bete, Knoblauch, Zitronensaft und Fleisch, wieder in den Suppentopf und verrührt es gut. Man kann noch einmal abschmecken und gegebenenfalls mit Pfeffer und Salz nachwürzen. Den Topf mit einem Deckel abdecken und den Herd ausschalten.

Wenn der Borschtsch nicht mehr zu heiß ist, kann man ihn servieren - allerdings schmeckt er am zweiten Tag noch köstlicher.

Borschtsch sollte in tiefe Teller (am schönsten ist es in weißen) gefüllt werden. Ein großer EL Schmand wird oben darauf in der Mitte gelegt und frische Kräuter, Petersilie oder Dill, können darauf gestreut werden. Mit der Suppe verrühren.

Man reicht dazu frisches Graubrot, das mit Butter
oder Schmand bestrichen und mit Salz bestreut
wird.
Erst nimmt man ein Glas Wodka, dann riecht man
an dem Brot, beißt hinein und beginnt den
Borschtsch zu essen.

Russischer Zupfkuchen

Für den Teig:
200 g   Butter
200 g   Zucker
300 g   Mehl
100 g   Kakaopulver
Für den Belag:
750 g   Quark
200 g   Schmand
200 g   Zucker
1 Pck.   Puddingpulver, (Vanillepuddingpulver)

Die Zutaten für den Teig am besten mit der Hand
verkneten, bis alles gleichmäßig vermischt ist und
das Ganze eine krümelige Konsistenz hat.
Dann in einer Schüssel alle Zutaten für die Creme
mit einem Schneebesen gut verrühren.

Eine Kuchenform fetten und etwa 2/3 des Teiges als
Boden in die Form drücken. Dieser muss nicht allzu
gleichmäßig glatt gedrückt werden, er kann ruhig
an manchen Stellen dicker sein als an anderen.
Die Käsekuchen-Masse darauf verteilen und den
Rest des Teiges mit den Händen zusammendrücken
und in "Klümpchen" über dem Kuchen verteilen,
sodass das typische Zupf-Muster entsteht. Nun je
nach Höhe des Kuchens bei 180°C 45-60 Min.
backen.
Vor dem Verzehr am besten komplett abkühlen
lassen.

Russische Eier

34

4   Ei(er)
1 EL, gestr.   Mayonnaise
1 TL, gehäuft   Senf
etwas   Salz und Pfeffer
Aromat
Salat
Cocktailtomaten
Gewürzgurke(n), in Streifen geschnitten
evtl.   Sardellen

Die Eier hart kochen. Dann schälen und längs halbieren. Eigelb herausnehmen und durch ein Sieb in eine Schüssel streichen. Mit der Mayonnaise und dem Senf zu einer cremigen Masse verrühren. Mit Salz, Pfeffer und Aromawürze würzen und nochmals durchrühren.
Die Masse in eine Garnierspritze füllen und in die Eihälften spritzen.

Eine Servierplatte mit gewaschenen Salatblättern belegen und die Eihälften darauf anrichten. Die Platte mit halbierten Cocktailtomaten und Gewürzgurkenstreifen garnieren. Je nach Geschmack kann man, was jedoch nicht jeder mag, auf die Eihälften Sardellenstreifen legen.

Schaschlik

½ Bund Petersilie
½ Bund Basilikum
500 ml Kefir
2 m.-große   Zwiebel(n), in halbe Ringe
geschnitten
3   Lorbeerblätter
3   Wacholderbeere(n)
2 TL   Meersalz
1 TL   Pfeffer, frisch gemahlen
1 TL   Chilipulver (z. B. Cayennepfeffer)
2   Knoblauchzehe(n), klein geschnitten
750 g   Schweinenacken (nicht zu mager)
½ Bund Thymian

Basilikum und Petersilie fein schneiden. Den Kefir in einen Behälter geben und mit den fein geschnittenen Kräutern, Pfeffer, Salz, Chilipulver, Knoblauch, Zwiebel, Lorbeerblättern und Wacholderbeeren vermengen.

Das Fleisch in ca. 4 x 4 cm große Würfel schneiden. Anschließend in der Marinade wälzen, die Thymianzweige untermischen und abgedeckt für mindestens zwölf Stunden, besser 24 Stunden, in den Kühlschrank stellen.

Den Grill auf 200 Grad vorheizen.

Die Fleischstücke aus der Marinade entnehmen und auf 3 - 4 Grillspieße stecken. Fleischspieße grillen und alle vier Minuten etwas drehen. Nach ca. 25 - 30 Minuten müssten sie eine leichte Bräune erhalten haben und können vom Grill genommen werden – fertig.
Viel Spaß beim Nachgrillen.

Piraschki

500 ml	Milch, lauwarme
1 Pck.	Hefe
2	Ei(er)
800 g	Mehl
1 EL	Pflanzenöl
500 g	Hackfleisch, gemischt
100 ml	Gemüsebrühe
1 große	Zwiebel(n)

Salz und Pfeffer
Öl zum Frittieren

Die aufgewärmte Milch in eine große Schüssel (5 l) gießen. Die Hefe mit den Fingern zerkleinern und ebenfalls in die Schüssel geben. Eier, Mehl und Pflanzenöl hinzugeben und alles mit dem Rührbesen (Knethaken) zu einem festen Teig rühren. Ben Backofen auf 50°C aufwärmen, ausschalten und die Teigschüssel mit einem Handtuch abgedeckt hineinstellen. Ca. halbe Stunde lang aufgehen lassen.

In der Zwischenzeit die Zwiebel klein hacken und unter das Hackfleisch mischen. Die Gemüsebrühe hinzufügen und mit Salz und Pfeffer nach belieben würzen. Den Hefeteig aus der Schüssel nehmen und in zwei bis drei Teile aufteilen. Die einzelnen Portionen ausrollen und mit einem Glas Kreise ausstehen. In die Mitte der Kreise ca. einen gehäuften Teelöffel (je nachdem, wie viel Fleisch gewünscht ist) von der Hackfleischmischung hineingeben und mit den Fingern den Teigrand zusammenpressen.

Die fertigen Teile in einer tiefen Pfanne (ein großer Topf tuts auch) im heißen Pflanzenöl frittieren. Sobald der Teig goldbraun gefärbt ist, herausnehmen. Piraschki schmecken warm und kalt.

Die Füllung kann nach Belieben gewechselt werden.
Für Vegetarier kann man zum Beispiel eine Masse
aus dem Kartoffelbrei vom Vortag mit frischen
Champignons und ein wenig Salz und Pfeffer
verwenden.

Tipp: Ich lege die Piraschki nach dem Frittieren erst
einmal auf Küchentücher, damit diese das Fett
aufsaugen.

<u>**Plov**</u>

1 großes   Hähnchen, in 8 Teile zerlegt, mit Innereien
2 große Zwiebel(n), je nach Geschmack)
2 m.-große   Knoblauchzehe(n)
3 m.-große   Möhre(n)
2 Tasse/n   Reis
Rosmarin
Lorbeerblätter
1 EL   Rapsöl
Öl, zum Anbraten
Salz und Pfeffer

Die Hähnchenteile und Innereien waschen, trocken
tupfen, salzen, pfeffern und in einer heißen Pfanne
goldbraun anbraten. Das Fleisch herausnehmen.
In der gleichen Pfanne klein geschnittene Zwiebeln,
Knoblauch und Möhren mit etwas Salz anbraten
und in einen Topf legen. Da drauf das Fleisch,
Rosmarin und Lorbeerblätter legen. Die
Hähnchenteile mit dem noch nicht gekochten Reis
bedecken. Alles mit heißem Wasser und 1 EL Rapsöl
übergießen, bis das Fleisch mit Wasser bedeckt ist,
aber nicht höher als der Reis. Salzen, etwas pfeffern
und für ca. 10 min. auf höchster Stufe mit
geschlossenem Deckel kochen.
Nach 10 min. in der Mitte mit einem Messer ein
Loch stechen und schauen, ob genug Wasser
vorhanden ist. Falls nötig, nachgießen und auf
kleinster Stufe ca. 25-30 min. kochen. Immer
wieder nachschauen, damit nichts anbrennt. Zum
Schluss ca. 15 min. ruhen lassen und erst vor dem
Servieren komplett umrühren.

Russisch Brot

4	Eiweiß
n. B.	Salz
130 g	Zucker
150 g	Mehl
1 EL	Kakaopulver, ungesüßtes
1 Pck.	Vanillezucker

Als erstes wird das Eiweiß zusammen mit etwas Salz aufgeschlagen. Wenn das Eiweiß schön schaumig aussieht, kommt nach und nach der Zucker dazu. Das Eiweiß sollte anschließend steif geschlagen werden.

In einer anderen Schüssel werden Mehl, Kakao und Vanillezucker vermischt und anschließend unter die Eiweißmasse gehoben. Wenn eine glatte Masse entstanden ist, wird sie entweder in einen Spritzbeutel mit einer feinen Lochtülle oder einen Gefrierbeutel gefüllt, in den ein kleines Loch geschnitten wird. So könnt Ihr dann ganz einfach Buchstaben, Zahlen oder andere Muster auf ein mit Backpapier belegtes Backblech spritzen.

Ist das geschafft, wird das Russisch Brot im vorgeheizten Ofen bei 170 °C Ober-/Unterhitze 10 Minuten gebacken.

Direkt nach dem Backen, also im warmen Zustand, sind die Kekse zwar noch etwas weich, werden beim Abkühlen aber ganz fest und knusprig. Halt genauso so, wie Russisch Brot auch sein soll. Damit die Kekse auch so schön knusprig bleiben, sollten sie luftdicht, trocken und kühl gelagert werden. Am besten in einer gut verschließbaren Keksdose. So sind sie auch ein paar Wochen haltbar.

Russischer Strudel

45

500 g   Putenfleisch (Oberkeule)
Salz und Pfeffer
Öl
1   Zwiebel(n)
Tomatenmark
6   Kartoffel(n)
Für den Teig:
1 Glas   Milch
1   Ei(er)
1 Pck.   Backpulver
Salz
400 g   Mehl
Außerdem:
Margarine

Das Fleisch zerkleinern, würzen und rundherum
anbraten. Die Zwiebel würfeln und ebenfalls
anbraten. Etwas Tomatenmark dazugeben und mit
Wasser ablöschen und ca. 20 Minuten schmoren
lassen. Die Kartoffeln schälen und halbieren und
zum Fleisch geben. Salzen, mit Wasser knapp
bedecken.

Die Teigzutaten zu einem Teig verarbeiten,
ausrollen und mit der Margarine bestreichen.

Anschließend in Streifen schneiden, aufrollen und
die kleinen Strudel auf die Kartoffeln legen. Bei
mittlerer Hitze (180°C) ca. 30 Minuten kochen.

Russischer Rollkuchen

1 Becher   Schmand, 200 g
1 Becher   Buttermilch oder Kefir (500 ml)
2 Pck. Backpulver
1 TL Salz
800 g Mehl
n. B. Öl

Alle Zutaten miteinander verrühren. Den Teig
kräftig kneten, jedoch nicht zu fest , er muss noch
etwas kleben. Nach Möglichkeit mehrere Stunden
im Kühlschrank ruhen lassen.

Danach ca. 0,5 cm dick ausrollen und in
rautenförmige Stücke schneiden. Die Mitte
aufschlitzen und das Ende durch den Schlitz ziehen.
In einer tiefen Pfanne in viel heißem Öl ausbacken.